AF368304

# POLARISER LA CHANCE EN SECRET

*Tome 1 : Pratiques simples pour changer de vie*

## Philippe AMARILLA

**Éditions Le Chant de Diane, 2023,
v2 / ISBN 978-2-9584147-1-9**

# TABLE DES MATIÈRES

*À Carla, ma fille chérie,*
*qui est et restera*
*la plus belle chance de ma vie…*

# INTRODUCTION

* * *

La chance. Vaste sujet. Existe-t-elle ou non ? C'est selon. La chance de certains est perçue comme une infortune pour d'autres. Nous sommes d'accord sur ce sujet, nous nageons tous dans un océan de subjectivité. À chacun sa définition propre de la chance, à chacun son point de vue. De toute façon, chacun de nous a toujours raison dans son monde... Alors, nous pourrions ainsi disserter pendant des heures, mais telle n'est pas le sujet de ce simple, mais lumineux ouvrage.

Pour introduire, une interrogation basique se pose : *en quoi suis-je légitime ?*

Mon meilleur ami l'attesterait mieux que moi, je suis considéré comme quelqu'un d'extrêmement chanceux. Mon secret ? Au départ, il y avait un savoir inné, non conscientisé et puis beaucoup plus tard, avec ma passion pour la mythologie et ma rencontre avec la spiritualité, des pratiques se sont mises en place naturellement et ont développé ce phénomène.

Alors pour débuter en douceur, je vous propose dans ce premier volume, un enseignement simple et direct pour aller vers l'abondance, la chance et le succès.

*Mais avant de commencer, un préambule s'impose :* amis cartésiens étriqués, matérialistes butés et scientifiques bornés si vous lisez ces lignes passez votre chemin ! Ce livre ne vous est aucunement adressé. Ici, vous ne trouverez pas d'expressions du genre : « en physique quantique, blablabla » ou bien « c'est scientifiquement prouvé, blablabla ». Dieu m'en préserve !

Cet ouvrage s'adresse à celles et ceux qui savent, ou se doutent que la chance, cette merveilleuse énergie, existe et qui souhaitent s'y confronter, l'attirer et surtout l'expérimenter. Nous aborderons ici des techniques simples qui attireront cette belle énergie de chance qui donne le sourire et la joie. *L'enjeu de ce premier livre est de spiritualiser la matière.* Plus simplement, je vais vous présenter des pratiques spirituelles faciles et rapides afin de transformer et d'enchanter votre vie de tous les jours. Vous l'aurez compris, l'objet de ce livre n'est pas de me croire ou non, il s'agit de pratiquer afin de vivre la chance au quotidien. Pour abréger, il est question de s'autoriser à rêver puis de pratiquer encore et encore !

*Allons-y, l'heureux voyage commence aujourd'hui !*

# I. LES NOMBRES SACRÉS

*« Noyé dans les flots de lumière, peu nombreux sont ceux qui m'aperçoivent. » Un Qilin*

* * *

**La théorie :**

Notre vie est envahie de chiffres et de nombres et nous sommes constamment poussés à prendre des décisions en nous appuyant sur des critères quantifiables ou mesurables. *Alors, comment faire les bons choix ? Ceux qui attireront la chance ?* Voici une première réponse, toute simple : choisissez des nombres impairs et mieux encore choisissez des nombres premiers. Cette sagesse simplissime était connue dans les temps anciens. Les nombres pairs étaient dédiés aux déesses et dieux infernaux. Les nombres impairs plaisaient aux déesses et dieux solaires. C'était une autre époque, mais certaines sagesses sont éternelles, alors testez !

**La pratique :**

Quand vous faites face à un choix, appuyez-vous sur des nombres impairs ou de préférence des nombres premiers, car cela attire la chance.

Pour information, voici les nombres premiers inférieurs à trois cents : 2, 3, 5, 7, 11, 13, 17, 19, 23, 29, 31, 37, 41, 43, 47, 53, 59, 61, 67, 71, 73, 79, 83, 89, 97, 101, 103, 107, 109, 113, 127, 131, 137, 139, 149, 151, 157, 163, 167, 173, 179, 181, 191, 193, 197, 199, 211, 223, 227, 229, 233, 239, 241, 251, 257, 263, 269, 271, 277, 281, 283, 293.

**Exemples concrets :**

-        vous hésitez entre l'achat de deux livres ? Choisissez celui qui a un prix avec un nombre impair. Si les deux livres ont un prix avec un nombre pair, choisissez celui qui a un nombre de pages impaires, vous avez compris l'idée. Le choix d'un livre peut paraître futile, mais certains livres ont le pouvoir de transformer complètement votre vie. Nous en avons tous fait l'heureuse expérience…;

- vous devez prendre un rendez-vous et l'on vous propose deux dates : le 21 ou le 23 du mois, choisissez le 23, car c'est un nombre premier. Les nombres premiers sont de bon augure.

## Anecdote authentique :

J'avais besoin d'acheter un nouvel ordinateur dédié à l'écriture. Mon choix se tournait naturellement vers un mini-ordinateur, car ceux-ci consomment très peu et sont suffisamment puissants pour la bureautique et la mise en page des livres. J'hésitais entre deux modèles de la même marque, mais l'un d'eux avait des capacités supérieures en termes de mémoire et de disque dur. Ce dernier était sensiblement plus cher, ce qui me faisait hésiter. De plus, ces deux machines avaient des prix avec des nombres pairs. Je décidai alors de reporter mon achat au mercredi suivant afin d'être assisté par le dieu Mercure (*voir le chapitre trois sur la temporalité éclatante*). En secret, je vibrais pour le plus cher, mais son tarif explosait un peu mon budget.

Le jour « J » arriva avec son lot de chance et de magie. L'ordinateur qui m'attirait le plus se présentait ce jour-là avec une belle réduction qui basculait son prix à une valeur inférieure au moins puissant des deux ! Cerise sur le gâteau, son prix s'était transformé en nombre premier, confirmant ainsi, par une synchronicité, la justesse d'acheter ce modèle ! À la réception de celui-ci, le sens spirituel contenu dans le nom de la marque se révéla à moi grâce à la « langue des oiseaux » (*voir tome deux*). La confirmation était évidente et éclatante, ce mini-ordinateur m'était véritablement dédié, avec lui j'allais écrire des ouvrages radieux et enjoués, mais cela c'est une autre histoire !

# II. LES PIERRES SUPRÊMES

*« L'incertain, l'infini, m'évoque ces cristaux colorés qui envahissent mon âme... » Une sirène*

* * *

**La théorie :**

Les pierres et les cristaux sont de véritables aides au quotidien. Elles sont des consciences et chaque cristal contient des énergies qui lui sont propres. Certaines pierres favorisent le succès et la chance. L'œil-de-tigre attire la chance pendant les voyages, et surtout dans les déplacements (*bus, train, voiture*). La citrine favorise la réussite, elle est solaire et associée avec un cristal de roche, qui a un rôle d'amplificateur, vous allez rayonner le succès et incarner la chance.

Dans les exemples concrets, nous verrons également des « cocktails de pierres », à utiliser avec modération, bien évidemment !

Portez les pierres autour du cou, des poignets, des chevilles ou mettez-les dans vos poches. Elles doivent être le plus proches de vous pour que vous infusiez leurs essences. Rappelez-vous, *les pierres et les cristaux sont des consciences qui vous aiment de façon inconditionnelle*, alors réjouissez-vous de leurs effets sur votre vie et surtout n'hésitez pas à les remercier.

**La pratique :**

Portez sur vous (*idéalement contre la peau*) un œil-de-tigre, une citrine avec un cristal de roche ou un cocktail de votre choix pour attirer la chance que vous souhaitez.

**Exemples concrets :**

- vous devez partir au travail ou en voyage, en train ou en voiture : portez un œil-de-tigre, par chance il y aura pour vous plus fréquemment de la place dans le train, et surtout le voyage sera facilité, il sera même plus souvent à l'heure (*non là, je plaisante !*) et en voiture vous éviterez plus souvent les bouchons et les chauffards, bref le trajet sera plus fluide;

-	vous devez parler en public ou rédiger un document, portez une citrine avec un cristal de roche, vous allez rayonner, briller et réussir; il y aura peut-être même des compliments, c'est toujours bon à prendre pour l'estime de soi;

-	tous les jours sont différents et certaines journées, pour capter la chance, vous avez besoin d'être combatif, serein ou intuitif, c'est selon. *Voici donc différents cocktails de pierres* qui, par leurs états d'être, vont vous favoriser.

- ***Cocktail de vigueur*** *: la chance d'être en meilleure forme*
  - labradorite
  - citrine
  - hématite

- ***Cocktail de l'action*** *: la chance d'être plus combatif*
  - labradorite
  - fluorite
  - œil-de-tigre

- ***Cocktail de sérénité** : la chance d'être en paix*
  - lapis-lazuli
  - cristal de roche
  - onyx

- ***Cocktail d'intuition n°1** : la chance d'augmenter l'intuition*
  - améthyste
  - cristal de roche
  - sodalite

- ***Cocktail d'intuition n°2** : la chance d'augmenter l'intuition*
  - citrine
  - cristal de roche
  - sodalite

- ***Cocktail de joie n°1** : la chance d'être joyeux*
  - cornaline
  - aventurine orange
  - agate grise

- ***Cocktail de joie n°2** : la chance d'être joyeux*
    ◦ aventurine orange
    ◦ lapis-lazuli
    ◦ cristal de roche


- ***Cocktail de chance n°1** : le goût d'être chanceux*
    ◦ œil-de-tigre
    ◦ sodalite
    ◦ cristal de roche


- ***Cocktail de chance n°2** : le goût d'être chanceux*
    ◦ citrine
    ◦ sodalite
    ◦ cristal de roche


- ***Cocktail d'énergie** : la chance d'être énergique, dynamique*
    ◦ citrine
    ◦ cristal de roche
    ◦ cornaline


**Anecdote authentique :**

Une amie souhaitait vivre la chance dans un voyage, je lui conseillai une pierre suprême et voici donc le témoignage de ma chère Amanda :

« Hey Philippe ! Juste pour te partager mon expérience … Aujourd'hui, je me rends à Rennes. J'ai 7 h de trajet. Je viens d'arriver à la station de tram. Au moment de traverser la rue, le tram démarre… le conducteur me voit traverser (*je suis à 100 m de lui*) et stoppe le tram. Il attend et me fait signe … il m'ouvre les portes du tram en dehors de l'arrêt, du jamais vu !!!! Merci le bracelet en œil-de-tigre que je porte et à qui j'ai demandé ce matin de protéger et de fluidifier mon voyage !!! »

# III. LA TEMPORALITÉ ÉCLATANTE



* * *

**La théorie :**

Notre quotidien est rythmé par des décisions à prendre et des actions qui en découlent. Sans le savoir, il y a derrière chaque journée les énergies des divinités qui influencent nos expériences de vie. Quelqu'un qui possède ce savoir va privilégier l'action le mardi, passer ses coups de fil et gérer ses mails le mercredi, poser ses rendez-vous amoureux le vendredi, etc.

Pour citer le dieu SATURNE : « *Bien sûr, nous vous influençons, mais vous êtes pleinement créateur également, alors c'est plus une co-création, voyez-vous ?* »

En choisissant bien les jours pour telle ou telle action vous allez avoir plus de succès que la moyenne, vous allez attirer et décupler la chance, et savez-vous pourquoi ? *Parce que les divinités nous aiment, nous influencent et nous inspirent, elles l'ont toujours fait... Ne me croyez pas, agissez et observez, car c'est à vivre !*

**La pratique :**

Prenez les décisions et faites les actes qui attirent la chance en fonction de l'influence des divinités sur les jours de la semaine.

**Exemples concrets :**

**– Le lundi, influence de la déesse LUNA :**

AFFIRMATION DU LUNDI : « JE SUIS LA DOUCEUR. »

*« Prenez soin de vous et prenez soin de vos proches. Les émotions sont présentes et exacerbées. L'invitation est à la douceur dans toutes les actions et à la retenue, à la tempérance, car ces émotions exacerbées sont des*

*turbulences. Toutes les pratiques qui amèneront la paix sont les bienvenues. Le calme également. Le calme intérieur est à rechercher et à poser. » Déesse LUNA*

Les émotions et les sentiments se bousculent en cette journée. Vous pouvez marcher en conscience et méditer pour retrouver la paix. Évitez de prendre de grandes décisions le lundi, car les émotions sont trop présentes. *Prenez soin de vous, de votre corps et de votre esprit*, taï-chi, yoga, massage, allez nager, écoutez de belles musiques (*classique, zen*), lisez un bon livre lumineux et apaisant. C'est la journée de la douceur où l'urgence est de prendre soin de vous.

### – Le mardi, influence du dieu MARS :

AFFIRMATION DU MARDI : « JE SUIS L'ACTION. »

*« C'est le jour de l'action. Prenez-vous en main, mettez-vous en mouvement. Un sentiment d'urgence doit vous habiter en cette journée. Une urgence à agir, à vous relever, à livrer les batailles intérieures, à vous manifester. Je suis là pour vous donner la force, le courage, la volonté. Agissez, je serai à vos côtés. » Dieu MARS*

Mars est un dieu de la résilience, il vous aide à remporter vos batailles intérieures pour passer à l'action. Démarrez l'écriture de ce livre qui vous tient à cœur. Lancez-vous et donnez ce premier coup de pioche pour créer ce potager. Construisez, déconstruisez, sculptez, levez-vous, bougez-vous, il est temps d'agir ! Mars est le dieu de la prouesse.

## – Le mercredi, influence du dieu MERCURE :

AFFIRMATION DU MERCREDI : « JE SUIS UNE MESSAGÈRE. » OU « JE SUIS UN MESSAGER. »

*« C'est la journée des échanges à un niveau large, diriez-vous, donc oui il y a la communication, oui il y a les échanges commerciaux, il peut y avoir des échanges de toutes sortes. J'y apporterais ma force, mon savoir, ma vitesse. » Dieu MERCURE*

Mercure est le messager des dieux, communiquez, échangez au maximum, de vive voix, au téléphone, par écrit, messages vocaux ou autre, c'est le jour des échanges. C'est aussi le jour idéal pour vendre ou acheter, car Mercure est aussi un dieu du commerce.

## – Le jeudi, influence du dieu JUPITER :

AFFIRMATION DU JEUDI : « JE SUIS DENSE. »

*« Ce jour-là, je vous influence, je vous aide à prendre des décisions vitales, des décisions capitales, celles qui peuvent changer le cours de votre vie. Ce jour-là, vous pouvez également organiser des choses importantes, toujours dans cette idée que ce qui sera organisé doit l'être pour célébrer ou présenter des choses importantes de votre vie. Je serai à vos côtés, ma densité et mon expérience seront vos alliés. » Dieu JUPITER*

C'est la journée des grandes décisions et des grandes actions, des actions nobles qui sont porteuses, celles qui sont capitales pour (*enfin !*) changer de vie.

## – Le vendredi, influence de la déesse VÉNUS :

AFFIRMATION DU VENDREDI : « JE SUIS
LÉGÈRE. » OU « JE SUIS LÉGER. »

*« C'est un jour qui contre-balance le jour précédent. Si le jeudi, il est question de densité, le vendredi c'est plus un jour de légèreté. L'invitation est de s'alléger à tous les niveaux. Le vendredi, lâchez ces vêtements qui sont des carcans, des conventions, habillez-vous de façon plus légère, plus détendue, dirions-nous. L'invitation est à la légèreté et à la joie, à la jouissance de la vie et à l'amour de la vie, à l'amour tout court. Alors, parlez plus légèrement, soyez plus léger dans votre attitude, dans votre façon d'être, dans vos décisions, peut-être lâchez un peu les décisions. C'est le jour où il faut se laisser porter par la vie qui est un flot ininterrompu d'amour, en quelque sorte. Allez à la rencontre des gens, soyez simple, soyez authentique, soyez dans l'amour. C'est aussi une journée de la joie et de l'abondance, faites tout en abondance. Toutes les pratiques et toutes les actions se valent en un sens. Alors, c'est plus un état d'esprit qu'il faut avoir, qu'il faut mener dans cette journée, voyez-vous. De la légèreté, de l'amour, de la joie, comme un état d'esprit dans toutes vos décisions, dans toutes vos actions. »
Déesse VÉNUS*

Posez des rendez-vous amoureux, car Vénus favorise ce type de rencontres. Faites une balade romantique avec votre bien-aimé(e), un restaurant, une déclaration d'amour ou de mariage, offrez des fleurs, etc. Vénus est aussi une déesse de l'abondance. Toutes vos actions, faites-les en abondance et avec le cœur. Par exemple : parlez d'amour, allégez vos emplois du temps, cuisinez avec amour et en abondance, etc.

## – Le samedi, influence du dieu SATURNE :

AFFIRMATION DU SAMEDI : « JE SUIS LIBRE. »

*« C'est la journée de la réjouissance, de la joie, de cette jouissance d'être libre à nouveau, même si vous l'êtes par essence, mais vous posez les croyances que vous ne l'êtes pas. Alors, ce jour-là, déployez-vous et libérez-vous ! Faites la fête, dansez, chantez, faites tout ce qui vous libère en un sens, tout ce qui vous réjouit aussi ! Tout ce que vous ferez dans cet état d'esprit de liberté et de fête sera exacerbé par ma présence. Je vous aiderai. » Dieu SATURNE*

Libérez-vous du temps, libérez-vous des agendas, c'est le jour de la liberté et de la joie. Partez en voyage, en balade. Amusez-vous, allez danser, participez ou organisez des fêtes. C'est aussi le jour idéal pour offrir, et se faire des cadeaux, c'est la journée des réjouissances.

## – Le dimanche, influence du dieu SOL :

AFFIRMATION DU DIMANCHE : « JE SUIS SOLAIRE. »

*« Alors cette journée, elle est solaire et elle est pleine de choses à la fois, donc l'idée c'est de revenir à la source de qui vous êtes, revenir au soleil que vous êtes et rayonner. Il s'agit, par exemple, le matin, de faire*

*des pratiques qui vous amènent, qui vous ramènent à votre soleil intérieur, diriez-vous. C'est le moment de plonger dans votre cosmos et de vous rapprocher de toutes ces étoiles qui vous constituent. Alors, vous pouvez prier, vous pouvez méditer, vous pouvez plus simplement marcher dans la nature. En revenant aux arbres, vous revenez aux racines qui sont également vos ancêtres. C'est donc aussi le jour pour les honorer, soit en pensée, soit devant un autel que vous pouvez créer, soit en allant voir vos anciens ou en les appelant par exemple. C'est aussi, une journée de réception de lumière, c'est pourquoi vous êtes invités à aller dans la nature et au soleil pour vous ressourcer. Vous pouvez également sortir et aller rayonner auprès des vôtres ou les rencontrer pour recevoir également de la lumière. »*
*Dieu SOL*

C'est un jour parfait pour retrouver la famille, mais aussi pour aller dans la nature se ressourcer, une autre façon de s'imprégner de ses racines. C'est la journée pour resserrer les liens, diffuser l'amour auprès des siens et pour en recevoir. C'est la journée pour se ressourcer, avec nos proches ou dans la nature.

# IV. LA VISUALISATION INSPIRANTE

*« J'ai beaucoup charmé et inspiré, toutes ces dévotions à foison, tous ces rêves, tous ces enchantements s'émancipent à travers le temps... » Déesse FLORA*

* * *

**La théorie :**

Les images sont parlantes et inspirantes, elles sont un langage universel, les anges le diraient mieux que moi. Vous avez des rêves et une multitude d'envies. Dans un premier temps, récoltez des images via Internet et des journaux. Trouvez un support, tableau, cadre, etc. Rassemblez toutes ces images qui représentent vos rêves et envies. Chaque jour, regardez intensément votre tableau et réjouissez-vous. *Il est bien sûr fondamental d'agir pour se créer les opportunités.* Pour attirer la chance, visualisez en permanence puis passer à l'action. Pour accélérer le processus, prenez en photo ce tableau. Maintenant, vous l'avez au format image et vous pouvez l'installer en fond d'écran de votre ordinateur. Plus efficace encore, vous consulter chaque jour, au moins une bonne centaine de fois votre téléphone. Mettez cette image en fond d'écran de votre smartphone. Il vous est désormais impossible d'oublier vos rêves et vos envies, car ils sont affichés de partout ! La simple vue de toutes ces images vous fait vibrer ? C'est parfait, car l'on attire ce que l'on vibre et bientôt vous aurez la chance d'en faire l'expérience.

**La pratique :**

Cherchez des images qui représentent vos envies et vos rêves et faites un tableau visible chez vous, mais aussi en fond d'écran de votre ordinateur et surtout de votre smartphone. Regardez ces images le plus souvent possible et agissez pour vous créer les opportunités.

**Exemples concrets :**

- Pour récolter des images libres de droits, je vous conseille les sites Internet Pexels (https://www.pexels.com) et Pixabay (https://pixabay.com/fr/),

- Pour créer l'image de votre visualisation inspirante, je vous propose un logiciel de traitement d'images en ligne gratuit : Photopea (https://www.photopea.com). Ce programme est très simple d'utilisation et de plus il existe de nombreux tutoriels sur YouTube pour vous aider, alors lancez-vous !

- Imprimez votre image finale en abondance et exposez-la dans de multiples endroits (*voiture, chambre, bureau, réfrigérateur, portes intérieures des placards, etc.*), afin d'informer l'univers de vos passions et de votre détermination ! Parce que ces images vibrent également sur les lieux où vous les avez déposées, elles attirent donc la chance de l'expérience !

# V. LA PRIÈRE RADIEUSE

*« Passer par toi était un accord, un contrat d'âme en quelque sorte, un échange informationnel, un pur échange d'énergie d'amour devant l'éternel. » Un ange gardien*

* * *

**La théorie :**

La prière est un puissant outil spirituel pour attirer, entre autres, la chance. La prière radieuse est précieuse. C'est une des pratiques les plus naturelles pour entrer en contact avec le divin. Il existe des conditions qui démultiplient la puissance de la prière et donc la chance qu'elle se réalise. La prière est plus forte quand nous prions au soleil levant, mais aussi lorsque nous prions accompagnés d'une bougie ou bien le soir devant un ciel étoilé.

*Au soleil levant :*
Parce que le soleil est créateur d'intentions et initiateur d'intelligence, priez devant le soleil, il sera votre allié dans vos projets lumineux et l'accomplissement de vos rêves.

*Devant une bougie :*
Prier en étant accompagné d'une bougie crée une atmosphère qui invite au recueillement. Cette pratique est ancestrale et elle nous relie les uns aux autres dans la vertu et l'abondance. La flamme de la bougie illumine la prière.

*Le soir devant un ciel étoilé :*
Les étoiles sont les manifestations physiques, tangibles, visibles de la présence des déesses et des dieux. En priant devant eux, nous les honorons et toutes ses belles divinités se joignent alors à nous pour exaucer nos vœux.

*Devant les étoiles filantes :*
En priant devant les étoiles filantes, vous allez propulser l'efficacité de la prière radieuse, et cela, quelle que soit la prière que vous choisissiez. Pourquoi ? Parce qu'elles sont les manifestations, les signes que les dieux sont à notre écoute et qu'ils vont accélérer et amplifier notre prière. Les étoiles filantes se manifestent toute l'année : on recense environ soixante-dix groupes d'étoiles filantes, appelés aussi essaims. Nous allons voir ci-dessous les huit plus denses. Pour information, quelle que

soit la période de l'année, vous êtes libre de choisir la prière radieuse de votre choix.

Voici huit essaims d'étoiles filantes avec les journées de prédilection en correspondance, c'est-à-dire les journées où leurs présences sont les plus intenses :

- les Quadrantides : le 2 et le 3 janvier;
- les Lyrides : le 21 et le 22 avril;
- les Aquarides : le 5 et le 6 mai;
- les Perséides : le 11 et le 12 août;
- les Orionides : le 20 et le 21 octobre;
- les Léonides : le 17 et le 18 novembre;
- les Géminides : le 13 et le 14 décembre;
- les Ursides : le 21 et le 22 décembre.

La source, le créateur, nous a fait don du libre arbitre. C'est pourquoi, hormis les interventions spécifiques de notre ange gardien, aucun être de lumière ne peut agir sans une demande de notre part. Priez et demandez de l'aide aux anges, à Marie, à Jésus, à Bouddha, au créateur, au seigneur, à la source, au soleil, aux animaux totems, aux ancêtres, aux divinités, peu importe, faites-le avec ce qui vous touche au plus profond de votre cœur. *La prière nous aide à retrouver la paix, la joie, l'amour que nous sommes fondamentalement.*

**La pratique :**

Je ferme les yeux et place mon attention dans mon cœur. Je remercie puis je fais ma prière radieuse à haute voix ou en pensée. Pour finir, je remercie à nouveau.

**Exemples concrets :**

- Merci « ……. ». Aidez-moi à retrouver l'amour pour enchanter ma vie. Merci « ……. ».

- Merci « ……. » de mettre sur mon chemin un véritable ami. Merci « ……. ».

- Merci « ……. ». Donnez-moi la force pour me libérer de cette mauvaise habitude. Merci « ……. ».

- Merci « ……. ». Donnez-moi le courage d'aimer. Merci « ……. ».

- Merci « ……. » de permettre à tous ceux qui te cherchent avec un cœur aimant, d'avancer sans peur vers la plénitude de ta lumière. Merci « ……. ».

- Merci « ……. » de me permettre d'être une rivière de ta grâce auprès de ceux que j'aime afin que ma vie manifeste ton amour. Merci « ……. ».

- Merci « ……. » pour ta lumière qui rayonne en nos intérieurs et qui lève en nous l'aube de la paix. Merci « ……. ».

- Merci « ……. » d'aiguiser mon intuition et d'ouvrir grand mon cœur à la chance et à l'abondance en réveillant ma capacité d'amour. Merci « ……. ».

- Merci déesse des transports. Faites que mon train soit à l'heure ! Merci, belle déesse. (*Non là, il ne faut quand même pas exagérer !!!*).

# VI. L'ÉNERGÉTISME AMBRÉ

*« L'Amour nous relie, s'échange, se partage, la sérénité nous envahit, la paix du cœur est notre saveur. » Un habitant du soleil*

* * *

**La théorie :**

L'énergétisme, c'est d'abord conceptualiser que toute réalité est énergie, mais aussi que tout est échange d'énergie. À partir de cela, il est simple de réaliser et d'appliquer des échanges énergétiques en posant une intention, en émanant des pensées et également en apposant les mains. Pour les religieux, énergétiser c'est bénir et c'est, selon eux, un domaine qui leur est réservé.

Heureusement pour nous, l'univers, le seigneur, la source, nous invitent à être pleinement acteur de nos vies, *alors balayons ce dogme et pratiquons !* Vous pouvez énergétiser votre eau, votre nourriture, votre potager, votre vélo, votre voiture, votre habitation, mais aussi vos mails, et toute sorte de travaux écrits sur ordinateur comme des rapports, des rédactions, des lettres, etc. *La seule limite est votre imagination !*

**La pratique :**

Regardez un objet matériel (*bouteille d'eau, nourriture, voiture...*) ou immatériel (*courriel, document informatique...*) en émanant une pensée d'amour, de perfection, de joie, de paix, c'est selon. Vous pouvez, quand c'est possible, présenter les mains au-dessus de l'objet pour renforcer le phénomène.

**Exemples concrets :**

- vous êtes invités dans la famille, chez un ami ou chez un collègue et l'on vous présente un plat que vous hésitez à manger. Votre intuition dit « STOP ! », mais les conventions sociales se présentent et vous exigent de manger quand même. Observez le plat, une seconde ou deux en vous répétant intérieurement, en pensée : « merci pour tout cet amour » ou encore, « merci pour ce plat sain et lumineux ». Parfait, vous venez d'éviter une indigestion !

-      vous devez faire un long trajet avec votre vieille voiture. Avant de partir, placez vos mains au-dessus de la carrosserie en vous répétant intérieurement des mots du genre : perfection, fiabilité, endurance, efficacité ou des phrases « au présent » du style : « merci pour ce beau et parfait voyage ».

## Anecdote authentique :

Nous devions prendre le train à la ville voisine à Lons-le-Saunier, première étape d'un long périple pour rejoindre un groupe d'amis, chers à mon cœur, à Mauguio, près de Montpellier. Avec ma fiancée, nous attendions patiemment le bus qui ne vint jamais. L'application sur mon smartphone indiquait pourtant son passage, mais en réalité le bus ne devait jamais venir, car nous étions un jour férié et l'application n'était pas à jour. Heureusement, j'avais pris pour habitude d'énergétiser. Rapidement, ma fiancée fit une pancarte avec une feuille que j'énergétisai en quelques secondes. Résultat : cinq minutes plus tard, nous étions à l'arrière d'une voiture luxueuse auprès d'un homme bienveillant qui faisait ce trajet de temps à autre. Un coup de chance ? Oui et non, car à chaque fois que j'énergétise une pancarte, une voiture finit par s'arrêter très rapidement et nous attendons rarement plus de dix minutes ! Alors, ici, la chance s'est exprimée avec la technique de l'échange énergétique ambré.

# VII. LES MANCIES LIMPIDES

*« Je crée ma destinée au lendemain de ma raison. Je suis l'astre émanant de mon être, je dissimule mon paraître et évoque pleinement mon ambition, ma volonté, mon envolée. » Déesse SIRONA*

* * *

**La théorie :**

Une mancie est un art divinatoire, une pratique pour deviner le futur. Une personne chanceuse, c'est quelqu'un qui va, le plus souvent, écouter véritablement ses intuitions, mais aussi les valider en utilisant des techniques spirituelles pour l'aider à prendre les bonnes décisions. Attirer la chance c'est donc, également, prendre les décisions conformes au plan céleste et à notre destinée. Les mancies sont là pour nous aider en réalisant des prédictions. Voici, dans ce premier tome, deux mancies intelligibles et simples à utiliser : la bibliomancie et la danse des cauris.

**La première pratique** : la bibliomancie.

**La théorie :**

La bibliomancie est un art, une pratique divinatoire. En lisant, « au hasard » un fragment de texte, elle apporte la réponse à une question. Cette pratique remonte à l'antiquité avec notamment les « sorts homériques » où les anciens trouvaient les réponses en choisissant et en interprétant un passage d'un des poèmes d'Homère (*l'Iliade, l'Odyssée*). Choisissez de préférence un livre avec énormément de pages, de contenus, comme un livre de poésie, de mythologie ou un livre sacré. Évitez, bien évidemment, les pages jaunes !!! Astuce : vous pouvez même télécharger un livre numérique sur votre smartphone et avec votre doigt glissez le curseur sur une page de façon aléatoire.

**La pratique :**

Fermez les yeux puis posez la question à l'univers. Ouvrez un livre et sans regarder, pointez du doigt un passage. Ouvrez les yeux. Cet écrit est la réponse à votre question. Si la réponse n'est pas claire, recommencez.


**Exemples concrets :**

- *Question : l'écriture de ce livre est-elle utile à mes sœurs et frères humains ?*

  - Réponse : « Les trois premiers se présentent comme des dieux-rois. Ils sont les garants du traité de paix dont le souvenir nous fut conservé par des tablettes. » (*livre de mythologie*)
  - Compréhension : clairement, je peux rédiger ce livre en trois volumes et il amènera durablement la paix dans les esprits de mes lecteurs.

- *Question : dois-je déménager ?*

  - Réponse : « sur le conseil d'Athéna, il s'embarqua et fit voile vers la Grèce » (*livre de mythologie*)
  - Compréhension : Athéna est une déesse de la sagesse et elle conseille de mettre les voiles (!), le déménagement est donc une bonne idée.

**La deuxième pratique** : la danse des cauris.

**La théorie :**

À la base, les cauris sont des coquillages qui ont servi de monnaie. Ils sont aussi un art divinatoire. Pour cette pratique, il faut vous munir de quatre coquillages. Vous pouvez, plus simplement, prendre une petite feuille que vous allez découper en quatre carrés. Sur une face, vous dessinez des cercles et sur l'autre des triangles. La méthode de tirage que nous utilisons ici est celle qui permet d'obtenir un « Oui » ou un « Non » en réponse à votre question. Que vous utilisiez les coquillages ou les papiers, nous allons donc considérer deux pôles :

-   un côté ouvert (*côté bombé pour le coquillage ou un cercle pour le papier*);
-   un côté fermé (*côté plat pour le coquillage ou un triangle pour le papier*).

**La pratique :**

1 : Mélangez les Cauris, ou les papiers, entre vos deux mains, tout en posant la question à haute voix ou en pensée ;

2 : Passez-les de main en main, pour finir dans celle de droite ;

3 : Soufflez ensuite sur votre main fermée et jetez les coquillages, ou les papiers, devant vous.

*Voici les cinq tirages possibles avec leurs noms traditionnels :*

- *Elife :* Deux Cauris sont ouverts (*côté bombé ou cercle*) et deux sont fermés (*côté plat ou triangle*). Le « Oui » est absolu.

- *Alafia :* Les quatre Cauris sont ouverts (*côté bombé ou cercle*). Le « Oui » répond à la question posée, mais faites un second jet pour garantir la réponse. Un « Alafia » ou un « Elife » confirme le tirage.

- *Itagua :* Trois Cauris sont ouverts (*côté bombé ou cercle*), et le quatrième est fermé (*côté plat ou triangle*). La réponse est « Oui », mais le parcours s'annonce difficile, il faudra tenir pour réussir.

- *Okana sode :* Trois Cauris sont fermés (*côté plat ou triangle*) et le quatrième est ouvert (*côté bombé ou cercle*). Dans l'absolu, le « Non » est la réponse. La prudence est de mise.

- *Oyekun :* Les quatre Cauris sont fermés (*côté plat ou triangle*). Le « Non » est ferme.

**Exemples concrets :**

- *Ce livre a-t-il vocation à être traduit en plusieurs langues ?*
  - Réponse : *Elife :* Le « Oui » est absolu.


- *Est-ce judicieux de faire tester ce livre avant de le publier ?*
  - Réponse : *Elife :* Le « Oui » est absolu.
  - Pour information, c'est une amie, Amanda, qui a accepté de jouer le jeu et d'ailleurs vous avez pu lire un de ses témoignages dans le chapitre deux.


- *La simple contemplation de la couverture et des illustrations présentes dans ce livre nous charge, nous encode en énergie de chance, dois-je le révéler de façon détournée ?*
  - Réponse : *Elife* se présente à nouveau : Le « Oui » est absolu...

# VIII. LES AFFIRMATIONS LUMINEUSES

*« Je m'enroule et me déploie, la lumière se diffuse et s'extasie devant l'infini. Ma vie, mon état d'être se fragmente pour toucher les cœurs, pour éloigner les peurs. » Déesse HÉMÉRA*

* * *

**La théorie :**

Quelqu'un de chanceux c'est aussi, par exemple, une personne capable, via une affirmation lumineuse, de retrouver instantanément un état de sérénité, de joie, de calme, et cela en toute situation. Pour schématiser : *il est essentiel de dire qui l'on est, parce que l'on devient ce que l'on est.* En simplifiant, nous pouvons distinguer deux grands types d'affirmations : celles qui nous permettent de retrouver ce que nous sommes profondément et celles qui nous font changer de ligne de temps. Nous approfondirons ce concept de ligne de temps dans le deuxième tome.

Dire qui l'on est, révèle donc ce que nous sommes déjà, à un niveau fondamental. Nous sommes déjà le bonheur, la paix, l'amour, la chance, l'abondance que nous cherchons. Nous l'ignorons, nous l'avons oublié, mais nous sommes déjà tout cela. En posant une affirmation du genre : « je suis la paix », « je suis la chance », ou « je suis l'abondance », vous retrouvez cet état d'être initial.

**Important : centrez-vous toujours avant de formuler des affirmations.**

*Alors, comment se centrer ?* C'est tout simple. Il suffit de fermer les yeux et de dire en pensée ou à voix haute : « Je suis. » C'est tout simple, mais cela fonctionne. Le mental attend la suite qui ne vient pas et cela crée un espace de silence. C'est de cet espace de silence, d'où doit partir, ou duquel, doit jaillir votre affirmation.

**La pratique :**

Je ferme les yeux et je respire doucement. Toujours les yeux fermés, je répète plusieurs fois : « je suis » pour me centrer. J'attends quelques secondes dans le calme. Je formule maintenant une affirmation lumineuse en pensée ou à voix haute puis je la laisse s'infuser en moi.

**Exemples concrets :**

*Voici une liste non exhaustive d'affirmations lumineuses :*

- je suis la chance;
- je suis le succès;
- je suis la paix;
- je suis l'amour;
- je suis la joie;
- je suis le calme;
- je suis la sérénité;
- je suis la réussite;
- je suis la patience;
- je suis le charme;
- je suis la grâce;
- je suis l'enthousiasme;
- je suis vertueuse/vertueux;
- je suis inspirant(e);
- je suis amoureuse/amoureux de la vie;
- je suis passionné(e);
- je suis l'abondance ;
- ...

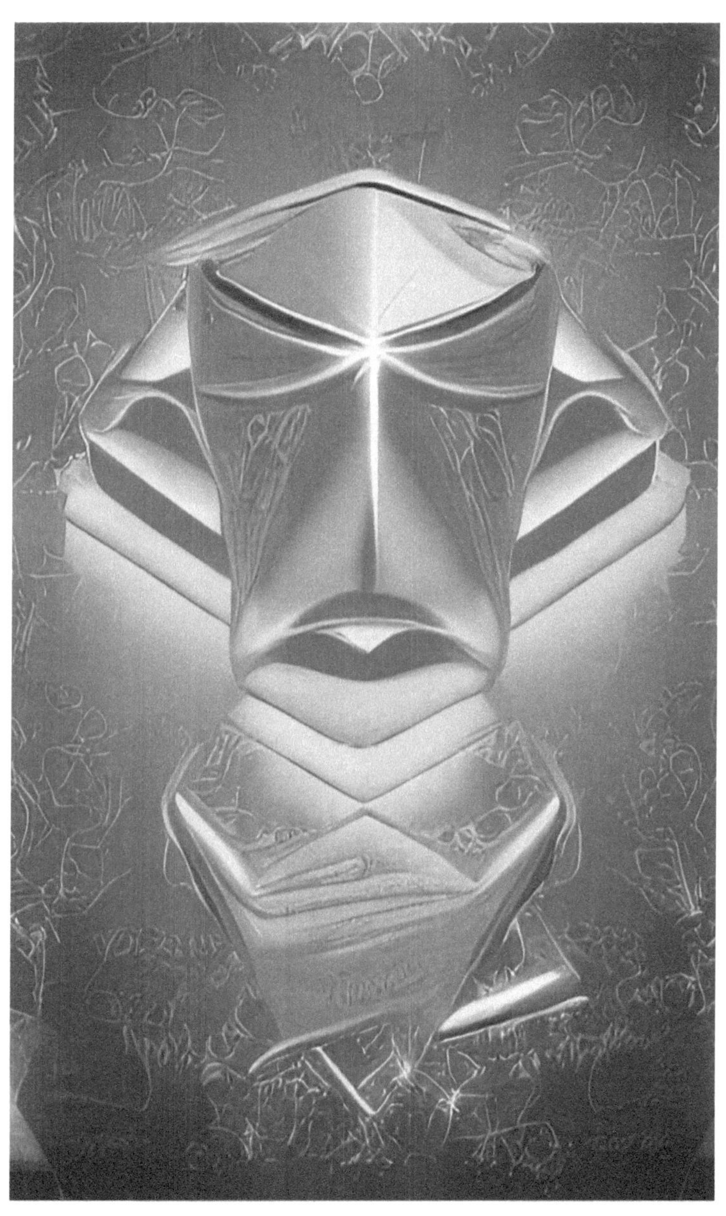

# IX. LES VIBRATIONS DES MUSES

*« Cette énergie enchanteresse, sa musicalité, se révèle et se perpétue vers cet inconnu de qui nous sommes, des vibrations qui résonnent. Musicalité, muses à égalité… » Déesse HÉRA*

* * *

**La théorie :**

Nous attirons ce que nous vibrons, c'est une loi de l'univers. Si l'on veut avoir de la chance au quotidien, il faut donc faire le choix d'être positif le plus souvent possible et cela tout au long de la journée. Être positif c'est vibrer fort et c'est une pratique qui s'entretient. *Attirer des événements heureux implique de vibrer haut, fréquemment.* Il est vrai que certains jours nous n'avons pas le moral, nous ne sommes pas motivés. C'est dans ces moments-là qu'il faut agir et se prendre en main, pour faire des pratiques qui font monter en vibration.

**La pratique :**

Attirer des expériences de vie chanceuses, en vibrant fort.

**Exemples concrets :**

*Pour vibrer plus fort vous pouvez :*

- fermer les yeux et écouter de la musique du type musique classique, mais aussi du piano, du violon, de la musique zen, des chants d'oiseaux, le roulement des vagues…;

- utiliser de jolis mots toute la journée (*à faire chaque jour, car l'emploi de mots grossiers nous fait instantanément chuter en vibration*);

- manger des fruits gorgés de soleil (*exemple : orange, citron, mangue, banane, pastèque, melon, nectarine, abricot, poire, ananas, avocat…*);

- boire tous les jours de l'eau solarisée (*pratique ancestrale égyptienne et indienne provenant de la tradition ayurvédique*), c'est une pratique simple, car il suffit d'exposer au soleil une bouteille en verre transparent, remplie d'eau pendant un minimum d'une heure. Elle peut être de couleur bleue pour l'apaisement ou rouge pour gagner en énergie;

- manger et boire en conscience, plus précisément essayer à chaque bouchée ou à chaque gorgée de fermer les yeux et de goûter l'instant présent, pour cela, vous pouvez même boire, ou manger, au ralenti;

- saluer le plus souvent possible les personnes que vous croisez;

- remercier la vie et remercier plus souvent les gens que vous rencontrez, quelles que soient les circonstances;

- porter des pierres ou des cristaux sur vous, de préférence au contact de la peau, en collier, en bracelet, etc. (*citrine, améthyste, lapis-lazuli, sodalite, cristal de roche…*);

- lire de beaux textes sur un blog ou un site Internet lumineux (*exemple : lechantdediane.com*);

- lire de la belle poésie (*exemple : Les Trophées de José-Maria de Heredia*);

- écouter un beau channeling poétique (*exemple : Patricia de La Douceur de Médusa sur YouTube ou Odysee*);

- lire un beau livre rayonnant (*exemple : «
Nymphe, Sirènes et Déesses », un bel ouvrage à venir
de l'auteur : Aurora-y-Flora*);

- chanter, danser au son des tambours (*tradition
chamanique ; merci Sylvie, pour tes dons de
chamane !*);

- méditer avec une application mobile dédiée
(*exemples : « Meditopia » en langue française sinon
« Expand » by Monroe Institute*);

- vous promener dans la nature, en forêt, en
montagne, dans un parc;

- marcher pieds nus dans l'herbe ou dans le sable
sur une plage;

- allez nager dans un lac, à la mer ou dans
l'océan (*quand vous vous baignez dans la mer, par
exemple, l'eau qui vous constitue se cale et s'accorde
vibratoirement avec l'eau de mer qui vibre plus fort,
ainsi vous montez en vibration, d'où cette sensation
de bien-être après une baignade*);

- porter des vêtements avec de la couleur (*oublier
le noir et le gris*);

- sourire avec la bouche et les yeux, car c'est un
geste d'amour qui nous fait vibrer et rayonner en
toute simplicité ;

- ...

**Anecdote authentique :**

Avec ma fiancée, nous avions décidé de faire une balade en forêt afin de monter en vibration et de nous ressourcer. J'avais l'espoir secret de trouver des cèpes, ces fameux et délicieux champignons. Nous habitons un petit village perdu au beau milieu des forêts et des lacs, alors pour rentrer dans les bois, rien de plus facile il nous suffit de marcher une dizaine de minutes. Après une bonne heure de promenade, nous nous sommes retrouvés nez à nez avec un promeneur. C'était plutôt inattendu, car ici les forêts sont immenses, nous l'avons salué en souriant et il fut surpris par notre décontraction affichée et par ce simple salut chaleureux. Il nous salua à son tour et sortit un immense champignon afin de nous le montrer et de partager sa joie de l'avoir trouvé. Ma fiancée l'interrogea sur la variété et la taille de ce champignon. Et oui, vous l'avez deviné c'était un très grand cèpe ! Spontanément, il décida de nous l'offrir. Il prétexta qu'il en trouvait souvent et il nous donna son fameux trésor ! Au-delà de l'expérience gustative (*la meilleure omelette aux cèpes de ma vie !*), ce fut une belle après-midi où tout était présent : le rayonnement des arbres, la joie de la rencontre avec ce promeneur, la courtoisie et la générosité. Ce jour-là fut un jour où nous avons pleinement expérimenté la chance, l'abondance et de hautes vibrations. Les muses, sur tous les plans, nous ont vraiment régalées !

POLARISER LA CHANCE EN SECRET

# X. LE REGARD DE LUMIÈRE C.S.V.

*« Au tréfonds de ces photons en mouvements, je suis, en un sens, à la maison, une maison fractale, subspatiale, une courbure dans l'espace-temps, une inflexion dans le mouvement. » Déesse NIKÉ*

* * *

**La théorie :**

Lorsque nous pensons à quelqu'un, *nous créons une structure, un tunnel invisible* où va circuler de l'information dans les deux sens. Dans ce tunnel de type éthérique, un véritable échange informationnel s'opère. C'est ainsi que fonctionne la vision à distance, mais aussi la guérison à distance. Partant de ce concept, nous pouvons utiliser des regards de lumière.

Dans ce premier tome, nous allons utiliser le regard de lumière C.S.V. (*Chance, Succès, Victoire*).

Si l'on observe intensément un objet matériel ou immatériel tout en répétant en boucle, en pensée, ses trois mots, *nous allons charger, encoder ledit objet.* Nous allons le bombarder de photons avec de l'information de chance, de succès et de victoire. Dans ce processus, le sourire est important, car un léger sourire ouvre le chakra coronal qui est un centre d'énergie. Cela va nous aider à recevoir et à absorber, mais aussi à diffuser et à propulser de l'information lumineuse.

**La pratique :**

Regardez intensément un objet immatériel ou matériel en imaginant la création d'un tunnel invisible. Souriez légèrement. En pensée, répétez-vous en boucle ces trois mots : « Chance, Succès, Victoire » tout en restant ultra-concentré sur l'objet observé. Prononcez les mots à voix haute quand c'est possible. Pour finir, relâchez-vous avec un grand sourire.

**Exemples concrets :**

- je lance un regard lumineux C.S.V. à un objet ou à un cadeau, avant de l'offrir (*succès assuré !*);

- je rédige un courriel (*e-mail*) important à mes yeux, avant de cliquer sur « Envoyer », je lui lance un regard lumineux C.S.V.;

- quelle que soit ma création ou ma réalisation : un livre, une sculpture, une image, une photo, une peinture, de la couture, je lance un regard lumineux C.S.V. avant la création puis au moment de la présentation;

- je passe du temps à rédiger un très bon document puis j'envoie un regard lumineux C.S.V. sur ce texte; cette thèse, ce rapport, ce document, respire maintenant la chance, la victoire, le succès auprès de mes futurs lecteurs;

- avant de conduire, d'écrire, de bricoler, de coudre, de jouer de la musique, de cuisiner, etc., lancez un regard lumineux C.S.V. sur vos mains pour les charger en réussite.

**Anecdote authentique issue d'un autre espace-temps :**

Nous sommes le vendredi 14 octobre 2022, il est 11h11 du matin – gloire aux anges et à Vénus ! Comme un pari sur l'avenir, je viens de lancer un profond regard C.S.V. sur cet opuscule, potentiellement clairvoyant, que vous lisez en cet instant. Pour information, les illustrations présentes dans ce livre vont également bénéficier de ces observations radieuses et rayonnantes !

Le temps sera seul juge de la réussite et du succès de cet ouvrage. Peut-être qu'au moment même de cette lecture, il est déjà entré dans les classements des meilleures ventes –  vive l'abondance ! Des versions dans différentes langues sont d'ores et déjà prévues. Je vais donc donner, à foison, des regards de lumière C.S.V., pour le meilleur et pour la chance !!!

# XI. LA LOI D'ATTRACTION MINUTAIRE DORÉE

*« Un fragment, une temporalité, une incursion dans un espace-temps et me voilà en un instant, récompensant par ma présence, une dévotion. » Déesse MINERVA*

* * *

**La théorie :**

Qu'est-ce que la loi de l'attraction ? La loi de l'attraction est une des lois de l'univers. Elle nous parle de la reliance entre nos pensées et la réalité supposée de notre plan de vie. L'intention, la pensée, le phrasé, la visualisation et l'émotion *finissent par créer, par attirer une autre réalité* qui contient les qualités désirées. Il existe de nombreuses pratiques, en voici une simple, rapide et efficace !

Nous avons tous l'habitude de dire : « Je n'ai pas eu une minute à moi… ». C'est faux, complètement faux, nous le savons tous, alors voici une pratique qui dure une seule minute, ainsi nous n'avons plus d'excuses ! Il est important de noter que *c'est une action à accomplir tous les jours* jusqu'à la réalisation totale, ou presque parfaite à nos yeux. Le succès de la loi d'attraction minutaire dorée réside, en effet, essentiellement dans *la répétition journalière et la ténacité* jusqu'à la réalisation partielle ou totale escomptée.

**La pratique :**

Je ferme les yeux, je respire doucement puis je me centre avec des « Je suis… »

Après quelques secondes, j'ouvre les yeux et je commence la pratique :

1 : J'écris sur un carnet mon affirmation, en continu, pendant vingt secondes;
2 : Je lis ma page d'écriture, pendant vingt secondes;
3 : Je ferme les yeux et je ressens intensément la joie de la réalisation, comme si c'était déjà exaucé, pendant vingt secondes.

**Exemples concrets :**

- *pour attirer le succès :* « Je suis un aimant à succès ! »;

- *pour attirer l'argent :* « Je suis un aimant à argent ! »;

- *quelles que soient vos aspirations,* n'hésitez pas à utiliser cette structure d'affirmation : « Je suis un aimant à … »;

- *pour attirer l'amour :* « Je suis heureuse/heureux en amour ! »;

- *toujours pour attirer l'amour :* « Je suis amoureuse/amoureux ! »;

*Cette affirmation nécessite une explication :* nous avons tous eu des moments de solitude et des moments où nous étions heureux en amour. Quand nous sommes seuls, nous vibrons le manque. Lorsque nous sommes amoureux, les opportunités, les rencontres se présentent naturellement et souvent en abondance.

Pourquoi ? *Parce que nous vibrons l'amour.* Alors, surtout si vous êtes seul(e), n'hésitez pas à dire à l'univers que vous êtes déjà amoureuse/amoureux, car on attire toujours ce que l'on vibre !

- *pour attirer l'estime de soi :* « Je suis véritablement aimée/aimé pour ce que je suis ! »;

- *pour attirer le travail de vos rêves,* vous pouvez choisir la structure : « Quelle joie d'être … »;

*Exemple :* « Quelle joie d'être écrivain ! »

*Autre exemple :* « Quelle joie d'être un matérialiste buté ! » (*Non, là c'est à éviter !!!*)

- *pour attirer la chance :* « Quelle joie d'être chanceuse/chanceux ! »;

- *toujours pour attirer la chance :* « Je suis chanceuse/chanceux en permanence ! »;

- *enfin pour attirer l'argent :* « Je suis ce flot d'argent incessant, qui vient à moi maintenant et qui m'aime ! ».

# CONCLUSION

* * *

Dans ce livre concis, vous avez pu découvrir onze pratiques lumineuses, simples et faciles à mettre en œuvre. Elles sont, pour la plupart, ancestrales et empreintes de sagesse. Dans ce voyage, nous étions accompagnés de ces belles divinités qui nous aiment et avec qui nous co-créons nos vies. Alors, tout d'abord, merci à elles et merci à vous d'avoir choisi cette promenade en ma compagnie.

Par ailleurs, faisons maintenant le serment que :
- rien ni personne ne nous détournera de la vertu et de la lumière,
- rien ni personne ne nous empêchera de vivre nos rêves !

Parce que chacun vit dans son monde, parce que l'univers est un hologramme, parce que la source, dieu, le seigneur, fait tout à l'infini, la réserve de chance pour vous et pour tous est également infinie !

Il est donc grand temps de réaliser votre vie idéale, il est grand temps de jouir de la chance, d'en faire l'expérience, il est grand temps de s'autoriser à rêver et d'agir !


Merci à vous, et belle odyssée !

> *« J'évolue aléatoirement, mais toujours en fusion de mon être. Au firmament de mon évolution, j'accélère encore... » Dieu HERMÈS*

À SUIVRE...

# REMERCIEMENTS

* * *

En tout premier lieu, je rends grâce à ma fiancée, Patricia, pour son soutien et pour son Amour, tout empreint de douceur.

Je remercie tous ceux qui ont participé de près ou de loin à la création de cet ouvrage, notamment Hassina, mais aussi Amanda, Sylvie, Morgane, Virginie, Lucie, Sandrine, sans oublier Pierre et Gilbert.

Merci à tous mes anciens encadrants et collègues de travail qui ont éprouvé ma passion pour la mythologie !

Merci à Fabrice, mon meilleur ami, pour sa fidélité, sa patience et son endurance !

Merci à tous mes amis passionnés de spiritualité, notamment Irène, Néjia, Dalila, Fernando, mais aussi Murielle, Rachel, Pierre et son épouse Tatiana.

Merci à tous mes magnifiques enseignants : Fanny (*Experte de l'inconscient*), Corinne Bissonnier, Ariane Bouche, Laurence Sanchez, sans oublier Éric Bénard Bajard et son admirable épouse Émeline.

Merci aux muses : Christelle Lebailly et Jupiter Phaeton.

Un grand merci aux habitants de *La-Chaux-du-Dombief*, pour leur accueil chaleureux et leur belle intelligence du cœur.

Merci également à toute ma famille, à tous mes ancêtres, et plus largement à toutes ces belles divinités lumineuses et inspirantes...

# À PROPOS DE L'AUTEUR

* * *

*Philippe Amarilla* est né en France en 1971 d'une mère enseignante d'origine espagnole et d'un père français, grand lecteur et passionné d'informatique.

Après une carrière prolifique dans le graphisme et les nouvelles technologies, il se lance dans l'écriture et la transmission de savoirs oubliés.

Sa passion pour la mythologie le conduit à découvrir les secrets des traditions ancestrales et a fait de lui un pionnier de la vision stellaire appelé également vision à distance ou encore remote viewing.

Avec un goût prononcé pour l'enseignement, il écrit depuis 2017 des livres de développement spirituel, qui voient progressivement le jour aux Éditions *Le Chant de Diane*, dans lesquels il partage le fruit de ses découvertes mythologiques.

*Pour contacter l'auteur : lechantdediane.com/contact/*

# À PARAÎTRE

* * *

*** La trilogie *Polariser la Chance en Secret* :**

Tome 1 : Pratiques simples pour changer de vie
Tome 2 : Pratiques avancées pour réaliser vos rêves
Tome 3 : Pratiques poétiques pour enchanter votre vie

*** La trilogie égyptienne de *La Vision Stellaire* :**

Tome 1 : Horus Le Grand
Tome 2 : Osiris
Tome 3 : Rê

*** La trilogie grecque de *La Vision Stellaire* :**

Tome 1 : Iris
Tome 2 : Hermès
Tome 3 : Théia